GÉNÉALOGIE

DE

LA MAISON

DE LA FARE

EN LANGUEDOC.

GÉNÉALOGIE

DE

LA MAISON

DE LA FARE

EN LANGUEDOC,

DRESSÉE fur les Titres originaux,

ET ETABLIE DANS LES GRANDS OFFICIERS

DE LA COURONNE. *Exconoantous*

Chum 10.

Par le P. ALEXIS, Augustin, près la Place *Oct 1766.*
des Victoires.

M DCC LXVI.

GÉNÉALOGIE
DE LA MAISON
DE LA FARE.

D'azur à trois flambeaux d'or, allumés de gueules, posés en trois pals ; l'écu sommé d'une couronne de Marquis ; supports deux lions affrontés, les têtes contournées ; devise : Lux nostris, hostibus ignis.

L A Maison de la Fare est très-ancienne; depuis un tems immémorial, les Terres situées dans la Paroisse de Saint-Flour de Pompidour, relevoient des Seigneurs

555

de la Fare : *Per tantum tempus*, dit un acte du 8 Septembre 1370, *quod memoria hominis in contrarium non exiſtit* ; & nous trouvons dans l'Hiſtoire de Languedoc de Dom Vaiſſete, T. II, p. 162, qu'en 1091, le Pape Leon IX donna à l'Evêque du Puy le privilége de ſe ſervir du *pallium*, & donna une Egliſe de ſon patrimoine, ſituée près du Château de la Fare, dans le Vivarais, au Monaſtere de S. Pierre du Puy.

On rapportera ici, par ordre chronologique, quelques-uns de la Maiſon de la Fare, dont on ne connoît pas ſûrement la jonction avec les autres.

M. Dupuy, Hiſtoire de la condamnation des Templiers, fait mention, pag. 86, d'un *Raymond* de la Fare qui étoit Chevalier du Temple en 1307, lors de la diſſolution de l'Ordre.

Dom Vaiſſete, dans ſon Hiſtoire de Languedoc, T. V, p. 18, rapporte que le Roi convoqua, en 1455, ſa Nobleſſe du Languedoc, avec ordre de ſe tenir prête à marcher au mois d'Août ſuivant ; il ordonna, entr'autres, au Vicomte de Joyeuſe de lever vingt Lances ou Gentilshommes, & quarante hommes de trait dans ſes Terres ; du nombre de ces vingt Lances étoient les Seigneurs de Calviſſon, d'Aubais, de la Fare, &c.

Le même T. V, p. 240, fait mention, vers l'an 1500, du Vicomte d'Apchier, du Baron de Saint-Vidal, de la Fare & de

quelques autres Seigneurs Catholiques qui
affemblerent 2000 hommes pour aller
joindre le fieur de Joyeufe au camp de
Lattes.

On trouve dans la même Hiftoire, T. V,
p. 248 & 251, que les 4 & 5 Avril 1563, le
Baron de la Fare affiége Florac, dans le
deffein, dit-on, d'enlever une jeune fille
d'une rare beauté dont il étoit devenu
amoureux. Beaudiné y accourut, qui lui
fit lever le fiége.

I.

BERINGUIER de la FARE, I du nom,
étoit Seigneur du Château de la Fare,
dans la Paroiffe de S. André de Valborgne,
au Diocèfe de Nîmes (a) dans les Cevennes, avant l'an 1170 ; il eft qualifié
Chevalier dans le contrat de mariage de
fon fils. Il fut préfent à la conftitution de
7000 fols tournois en faveur de *Berin-*
guier, II du nom, fon fils, futur époux de
Saure, ou *Saurine* de Mandagout, qu'il au-
torife par acte du 16 des Calendes de
Juillet 1206, fous le régne de PHILIPPE-
AUGUSTE.

Femme, *Elife*, dame de Saint-Germain,
près Alais, eft rapellée dans un acte du 5
des Calendes de Novembre de l'année 1252;
par cet acte, on voit qu'Elife, dame de

(a) Aujourd'hui Diocèfe d'Alais.

Saint-Germain, avoit légué par son testament 300 sols à l'Eglise dudit lieu, pour un anniversaire pour le repos de son ame & celle de ses parens. Entre les enfans qu'elle eut, & dont le nom ne s'est pas conservé, on trouve :

II.

BERINGUIER de la FARE, II du nom, qualifié Damoiseau dans un acte du 16 des Calendes de Juillet 1206. Par cet acte il est autorisé par son pere *Beringuier* de la Fare, Chevalier, à recevoir de *Raymond* de Mandagout, aussi Chevalier, la constitution de 7000 sols tournois en faveur de son futur mariage.

Femme, *Saure*, ou *Saurine* de Mandagout, fille de Raymond de Mandagout, Chevalier, Seigneur de la Terre de Meirueis ; elle reçut pour sa dot, par acte du 16 Juillet 1206, la somme de 7000 sols tournois ; ce qui étoit alors une somme si considérable, qu'il n'y avoit que les filles des Maisons les plus qualifiées à qui on en donnât de pareilles : elle fut mere de

III.

BERINGUIER de la FARE, III du nom, qualifié Chevalier dans un acte de reconnoissance féodale à lui faite par *Pierre Durand* & *Gerard-Ermenguier* freres, d'une piece de terre située dans la Paroisse de Meirueis, au lieu appellé Campredon.

Cét aĉte eft du 5 des Calendes de Mai
1252, paffé devant *Hugues* de Caiffonnier,
Notaire. Le même Beringuier de la Fare,
en conféquence d'une précédente tran-
faĉtion faite entre lui & *Guillaume* Imbert,
Prieur de Saint-Germain, près d'Alais,
donne audit *Guillaume* Imbert, par aĉte
du 5 des Calendes de Novembre 1252,
paffé devant *Guillaume* de Paffa, Notaire,
7 fols melgoriens de cens, en repréfenta-
tion & en place de 300 fols pougeois, *ou*
du Puy, que dame *Elife* fa grand-mere,
dame de Saint-Germain, près d'Alais,
avoit légué à l'Eglife dudit lieu, pour un
anniverfaire pour elle & fes parens : *Et in
folutum trecentorum folidorum pogeffiorum,
ou podiencium quos quondam reliquit, feu
legavit domina Elis, quondam avia diĉti
Beringarii, domina Sanĉti-Germani, in fuo
teftamentore.*

Il fut préfent le 24 Oĉtobre 1262 au
contrat de mariage de *Delphine*, quatrieme
fille de *Hugues*, Comte de Rhodes (*a*).
Il fut auffi préfent, en 1276, à un hommage rendu à *Bernard* Pelet (*b*) ; il reçut
une reconnoiffance féodale de *Pierre* de
Vindar, le 17 des Calendes de Février 1291;
dans cet aĉte paffé devant *Arnaud* Com-

(*a*) Dom Vaiffete, Hift. du Lang. T. III,
p. 512.
(*b*) *Ibid.* T. IV, p. 23. Pr. p. 218.

brier, Notaire ; il eſt qualifié Damoiſeau, & fils d'autre *Beringuier* de la Fare, Chevalier. Le nom de ſa femme eſt inconnu ; il fut pere de

1° *Bernard* de la Fare, qui ſuit.

2° *Beatrix* de la Fare, qui reçut par acte du 17 des Calendes de Février 1310, paſſé par-devant *Guillaume* Beſſier, Notaire, une conſtitution de dot de *Bernard* de la Fare ſon frere, d'une piéce de terre ſituée dans la Paroiſſe de *Saint-Marcel-de-Font-fouilloufe*, en faveur du futur mariage de ladite *Beatrix* de la Fare, ſœur dudit *Bernard*, & fille de *Beringuier* de la Fare, leur pere commun, avec *Guillaume* Feſquet.

IV.

BERNARD de la FARE, Damoiſeau, Seigneur du Château de la Fare, Paroiſſe de *Saint-André-de-Valborgne*, fit par acte paſſé par-devant *Guillaume* Beſſier, Notaire, une donation d'une piéce de terre ſituée dans la Paroiſſe de *Saint-Marcel-de-Font-fouilloufe*, en faveur de *Beatrix* ſa ſœur, fille de *Beringuier* de la Fare, leur pere commun, en faveur de ſon futur mariage avec *Guillaume* Feſquet.

Il fit aveu & dénombrement le 8 Avril 1348 (*a*) à *Jean* d'Armagnac, Vicomte de Fezenſaguet, Baron de Monclar, pour

_____

(*a*) Hiſt. des Gr. Off. de la Cour. T. II, p. 134.

raifon des chofes qu'il tenoit de la mouvance de la Baronnie de Roquefeuil.

Femme N. . . . . . dont le nom n'eft pas
connu : elle fut mere de

V.

Raymond de la F A R E , Damoifeau ,
Seigneur du Château de la Fare , reçut
comme fils & Procureur de noble *Bernard*
de la Fare fon pere , Damoifeau , Seigneur
du Château de la Fare , une reconnoiffance
féodale que lui fit , le 2 Mars 1346 , un
habitant du lieu de Pompidour.

Femme, *Ifabelle* Pelebarbe , fille de *Gauf-
felin* Pelebarbe , Damoifeau , Seigneur
d'Iverne , fut mariée le 24 Janvier 1350 :
elle fut mere de

V I.

PIERRE de la F A R E , Damoifeau ,
Seigneur de la Fare , eft qualifié Damoifeau & fils de noble *Raymond* de la Fare ,
Seigneur du Château de la Fare , dans un
acte de reconnoiffance féodale , paffé par-
devant *Raymond* de Fontaniis , Notaire ,
le 13 Mars 1369 , à lui faite par *Bernard*
Taberne & *Saurine* fa femme , du Mas
de Monlataberne , Paroiffe de Saint-Flour
de Pompidour ; & auffi dans un autre acte
de reconnoiffance féodale , du 8 Septembre
1370 , par *Jean* Garcin ; dans ces recon-
noiffances , il eft dit que ces biens qui
étoient fitués dans la Paroiffe de S. Flour

de Pompidour , relevoient de ſes prédé-
ceſſeurs depuis un ſi long tems , que l'on
ne ſe ſouvenoit point qu'ils euſſent été
ſous une autre directe : *Per tantum tempus
quod memoria hominis in contrarium non
exiſtit.* Il eſt qualifié Chevalier dans le
contrat de mariage de *Guillaume* de la
Fare ſon fils , du 6 Juin 1411 , où il étoit
préſent.

Il fit des acquiſitions dans la mouvance
de la Baronnie d'Anduſe de *Dragonet* de
Montgros , dont il fit hommage le 11 Avril
1401 (*a*).

Femme , N........ dont le nom eſt
ignoré.

1° *Guillaume* de la Fare , qui ſuit.

2° *Louis* de la Fare , mentionné dans le
contrat de mariage de *Guillaume* de la
Fare ſon frere , du 6 Juin 1411 , auquel
il fut préſent & y aſſiſta.

VII.

GUILLAUME de la F A R E , Chevalier,
Seigneur de la Fare , de Monteil & de
Folaquier , reçut des aveux , en 1402 &
1410 , commit , conjointement avec ſes
bâtards & pluſieurs ribauds , de grands
déſordres dans la Sénéchauſſée de Beaucaire , au mois de Septembre 1444 (*b*) ; il

(*a*) Hiſt. des Gr. Off. de la Cour. T. II, p. 136.
(*b*) Hiſt. de Lang. T. V , p. 5.

fut l'un des Chambellans ordinaires du Roi CHARLES VII, comme on l'apprend des Lettres de ce Prince, qui lui donne ce titre le 16 Mars 1435, & fit son testament en 1444, en faveur de *Guillaume* son fils ; il y est qualifié noble & puissant homme Messire ; il y ordonne qu'on l'enterre dans l'Eglise de Saint-André de Valborgne, que l'on y appende son étendard & sa banniere avec ses armes, & que ses funérailles soient faites, ainsi qu'on le pratique pour les personnes d'une noblesse égale à la sienne ; enfin il ordonne, par le même acte, que lorsque la chair de son corps sera consommée, l'on sépare sa tête pour être de nouveau enterrée dans l'Eglise des Cordeliers d'Anduse.

Femme, *Almueis* de Montclar, dame dudit lieu, de Fontenilles, de Montjoye & de la Tour, fut mariée par contrat passé par-devant *Jean* Pelissier, Notaire, le 6 Juin 1411, & testa le 18 Août 1431, ordonnant sa sépulture à Valborgne dans le tombeau des prédécesseurs de son mari, pour être dans la suite déterrée & portée dans le cimetiere des Moines de Sendras, Abbaye de Bénédictins au Diocèse de Nîmes ; institue son fils *Pierre* pour son héritier universel, lui substituant *Guillaume* de la Fare son autre fils, à condition que son héritier porteroit son nom & ses armes écartelées, avec les armes de son mari ; de-là vient que les Seigneurs de la Fare écarteloient encore, en 1668, au fecond & troifieme quartiers, d'azur à trois lofanges d'or pofées en pal, qui eft de Montclar.

1° *Pierre* de la Fare-Montclar, Seigneur de Montclar, mourut avant fon pere, & après le contrat de mariage de fa fœur *Cecile.*

2° *Guillaume*, Seigneur de la Fare, II du nom, qui fuit.

3° *Cecile* de la Fare, mariée par contrat du 10 Mars 1433, à *André* de Budos, Seigneur de Portes-Bertrand ; qui tefta en 1446. Etant veuve, elle donna quittance à *Guillaume* de la Fare fon frere, le 16 Février 1484, de partie de ce qu'il lui devoit encore de refte de fa dot ; leur arriere-petit-fils *Jacques* de Budos, Baron de Portes, fut pere de *Louife* de Budos de Portes, feconde femme de Henry, Duc de Montmorency, Connétable de France, qui fut mere de *Charlotte* de Montmorency, mariée à *Henry* de Bourbon, Prince de Condé, & d'*Antoine - Hercule* de Budos, Marquis de Portes, Chevalier des Ordres du Roi, la poftérité duquel eft rapportée à la promotion du 31 Décembre 1619, dans le Tome IX de l'Hiftoire des Grands Officiers de la Couronne, p. 154.

4° *Marguerite* de la Fare, à laquelle fon pere légua mille moutons d'or pour fon mariage, fait par contrat du 9 Décembre 1444, avec *Guillaume* du Cailar de Toiras : elle mourut fans enfans. *Voyez* le T. VII de l'Histoire des Grands Officiers de la Couronne, p. 488.

1 & 2, *Louis* & *Pierre* de la Fare, fils naturels, qualifiés nobles dans le testament de leur pere, qui leur fit à chacun un legs, aussi-bien qu'à ses enfans, les nommant tous deux pour exécuter son testament, avec *Marguerite* sa propre sœur, & le Curé de Valborgne, leur recommandant d'honorer son fils légitime, & pria celui-ci d'honorer ses freres naturels. La femme de *Louis* se nommoit *Antoinette* ; elle avoit prêté des joyaux à *Guillaume* de la Fare, fils légitime ; son pere lui ordonna de les restituer entiérement.

V.III.

GUILLAUME de la FARE, II du nom, Chevalier, Seigneur de la Fare, de la Tour, de Fontenilles & de Montjoye, Baron de Montclar, fit hommage le 16 Juillet 1462 à *Charles* d'Armagnac, Vicomte de Fézensaguet, Baron de Montclar, pour raison des choses qu'il tenoit de la mouvance de la Baronnie de Roquefeuil, conformément à l'aveu & dénombrement que *Bernard* de la Fare, Damoiseau, (son trifaïeul) fils & héritier de *Beringuier* de la Fare, en avoit donné à *Jean* d'Armagnac, le 8 Avril 1348.

Il fit fon premier teftament le 24 Septembre 1492, & un fecond le 29 Juillet
1501; dans l'un & dans l'autre, il fe qualifie *Noble* & *Puiffant*.

Femme, *Ifabeau* d'Alairac, fille de *Pons*
d'Alairac, Seigneur d'Aigremont, Diocèfe
d'Uzès, fut mariée le 29 Juillet 1452, &
vivoit en 1508.

1° *Gabriel* de la Fare, qui fuit.

2° *Jean* de la Fare, mort après le fecond
teftament de fon pere.

3° *Guillaume* de la Fare, Chevalier de
Rhodes, nommé en cette qualité dans le
teftament de fon pere.

4° *Anne* de la Fare, mariée, 1° le 10
Octobre 1479 à *François* d'Apcher, Seigneur d'Apcher, dont elle étoit veuve en
1487, mere de *Charles* d'Apcher. 2° Avant
1490 à *Jean* de Bozene, Seigneur d'Aubais & du Caïla, par fa premiere femme
Marguerite de Bermond; il mourut le 7
Mars 1506, & elle vivoit lors du teftament de fon frere *Gabriel* de la Fare.

5° *Marguerite* de la Fare, mariée, avant
le teftament de fon pere, à *Gabriel* de
Belcombe, Seigneur de Gaujac, au Diocèfe
d'Uzès, avec lequel elle vivoit en 1512,
lors du teftament de fon frere : fa mere
lui avoit fait une donation le 17 Juillet
1508.

6° *Magdelaine* de la Fare, alliée le 5
Janvier 1484 avec *Guillaume* de Narbonne-
Lara, de la Ville d'Andufe, Baron de

Salle & de Salendrenque ; ils vivoient lors du teſtament de *Gabriél* de la Fare.

7º *Eſclamonde*, dite *Marguerite* de la Fare, épouſa le 27 Décembre 1494, *Antoine* Feltrie, Seigneur de Popian, vivant lors du teſtament de ſon frere , en 1512.

8º *Charlotte* de la Fare, mariée-après le ſecond teſtament de ſon pere , à noble *Guillaume* de Bruny, Seigneur de Caſtanet dans les Cevennes , au Dioceſe d'Uzès, Profeſſeur ès Loix , dont elle étoit veuve , & mere de *Chriſtophe* Bruny , co-Seigneur de Caſtanet , lorſque *Gabriel* de la Fare teſta.

9º *Egline* , dite *Antoinette* de la Fare, étoit Religieuſe de Cîteaux à Sainte Catherine d'Avignon, lors du ſecond teſtament de ſon pere : elle en fut élue Abbeſſe en 1504 (*a*), eſt nommée en cette qualité au teſtament de ſon frere. L'Obituaire de ce Monaſtere met ſa mort au 9 Juillet.

10º *Antoinette* de la Fare, Religieuſe de Cîteaux en l'Abbaye de Fonts , près d'Alais, nommée en cette qualité au teſtament de ſon pere , & à celui de *Gabriel* de la Fare ſon frere.

I X.

GABRIEL de la FARE, Seigneur &

(*a*) Dom de Sainte-Marthe , *Gallia Chriſtiana ,* T. I, p. 890.

Baron de Montclar, & des Châteaux &
Mandemens de la Fare, de la Tour, de
Fonteniiles, Montjoye & de la Vaffiere,
Co-feigneur de la Baronnie de Monteil,
& des Lieux, Châteaux & Mandemens de
Gavillargues, Serviere, Pierremale &
autres lieux dans les Diocèfes de Nîmes,
d'Uzès & de Mende ; ce font les titres
qu'il prend avec celui de *noble & puiſſant
homme*, dans fon teftament qu'il fit le 17
Septembre 1512, fur le point d'aller, par
ordre du Roi, joindre l'armée de Sa Majefté entre Beziers & Narbonne.

Il fut tué pendant le fiége de Térouanne
à la journée des Eperons, le 18 Août 1513.

Femme, *Marie* Duclaux, fille d'*Aimar*
Duclaux, Baron dudit lieu, & de Peire,
en Rouergue, Gouverneur de Pierrelatte,
fut mariée l'an 1497, & inftituée tutrice
de fes enfans, par le teftament de fon
mari, qui, à fon défaut, nomma *Gaſpard*
Duclaux, Seigneur de Pierrelatte, frere
de cette Dame : elle vendit en 1524 un
Pré, dit le Pré de la Fare, près d'Orange.

1° *Pierre*, Seigneur de la Fare, II du
nom, qui fuit.

2° *Jacques* de la Fare, Légataire de fon
pere, étoit Prieur de Laudun, & Vicaire
Général de l'Evêque d'Uzès, lors du mariage de *Claude* de la Fare fa niéce, en
1556.

3° *Charles* de la Fare, Légataire de fon
pere, en 1512.

4° *Claude*

4º *Claude* de la Fare, qui époufa *Gail-lard* de Berthoulene, Seigneur de Berthoulene & de la Romiguiere, qui teftá le 8 Février 1542 : elle fit une donation à une de fes filles, le 16 Février 1575.

5º *Jeanne* de la Fare, nommée avec fes fœurs *Claude* & *Ifabelle* dans le teftament de leur pere.

6º *Ifabelle* de la Fare, mariée le 25 Mai 1522 à *Gafpard* de Blaufac, Seigneur de Valfons.

7º *Marguérite* de la Fare, mariée depuis le teftament de fon pere, 1º à *François* de Cadoul, demeurant à la Ville de Lunel, tranfigea avec fon frere aîné, le 4 Mai 1542, pour le partage qu'elle demandoit dans la fucceffion de Gabriel de la Fare leur pere, & dans celle de Guillaume de la Fare leur aëiul. 2º Le 5 Septembre 1547 à *François* de Bony, Seigneur de Largnac & de Velfas, & étant veuve, elle tefta le 7 Avril 1575.

X.

PIERRE de la FARE, II du nom, Baron de Montclar & de la Fare, &c. fut fuccef-fivement Capitaine de 300 hommes de pied, & Capitaine de 1000 des Légion-naires de Languedoc, & fervit utilement le Roi, depuis l'année 1539 jufqu'en 1563, contre les Religionnaires, qu'il empêcha de s'emparer de la Ville de Mende où il commandoit : de dépit ils brûlerent fes

B

Châteaux. Il avoit fait fon teftament dès le 20 Août 1542 , & il ne mourut qu'en 1564.

Femme , *Louife* de Bucelly , Baronne de Salendrenque , fille d'Antoine de Bucelly , Seigneur de Lamoffon & de Saint-Hilaire , Maître des Comptes à Montpellier, & de Marguerite de Joncheres, dame de la Baronnie de Salendrenque , fut mariée par contrat du 10 Mai 1529 ; & l'on y voit qu'elle avoit eu cette Baronnie par partage fait avec Jacques de Bozene , Baron d'Aubais & du Caïla , époux d'Antoinette de Joncheres. Les Marquis de la Fare portoient , en 1608 , dans une de leurs écartelures , les armes de Bucelly , qui font d'or au buffle rampant de fable , accolé d'une chaîne d'or, d'où pend un écuffon de geules à la croix d'or.

1° *Jacques* de la Fare, qui fuit.

2° *Antoine* de la Fare , Commandant pour le Service du Roi, au Château d'Engras , qui appartenoit à fon frere aîné, qu'il défendit contre les Religionnaires , & qu'il ne rendit qu'après qu'ils y eurent amené du canon , ayant eté bleffé fur la bréche , dont il mourut à Uzès , le 20 Avril 1586.

3° *Gabriel* de la Fare , Légataire par le teftament de fon pere , de l'an 1542 , fut d'Eglife.

4° *Claude* de la Fare époufa, par con-

trat du 13 Septembre 1556 , Antoine de
Grimoard , dit du Roure , Baron de Grifac,
de Saint-Brès & de Banes ; qui fit fon teftament en 1576.

XI.

JACQUES de la FARE , Baron de
Montclar , de Salengres , Seigneur de
Montjoye , de Gourdocefe , Sainte-Foy ,
Blanavès , Servieres , Englas , & Cavillargues , eft qualifié Gentilhomme ordinaire de la Chambre du Roi , dans le
contrat de mariage de Louis de la Fare,
fon fecond fils : il fervit à la défenfe de
da Ville de Sienne en Italie , fous le fa-
meux *Blaife* de Montluc , en 1555 ; fut
commis par brevet du Roi , du 24 Juin
1564 , pour commander dans les Villes
d'Alais & de Roquemaure fur le Rhône ,
& dans le Diocèfe d'Uzès ; eut une pareille
commiffion , le 15 Octobre 1567 , & le 22
Octobre 1572 ; fut encore commis , le 15
Janvier 1589 , pour juger des contraven-
tions qui fe feroient à la tréve accordée
entre les Diocèfes de Montpellier , d'Uzès
& de Nîmes ; rendit hommage , le 23 Mai
1590 à *Hercules* de Montmorency , comme
Procureur de *Henry* , Duc de Montmorency , Pair & Maréchal de France , tant
pour raifon des Fiefs qu'il poffédoit dans
la mouvance des Terres de ce Duc , que
fpécialement de ce qu'il poffédoit , de tems
immémorial , dans la mouvance de la Ba-

ronnie d'Anduſe , en quoi il avoit droit par l'acquiſition que noble *Pierre* de la Fare , Seigneur de la Fare , fils de noble *Raymond* de la Fare , en avoit faite de *Dragonet* de Montgros , & dont cet acquéreur avoit fait hommage , le 11 Avril 1401 , à *Jean* le Maingre , dit Bouſſicaut , & à *Antoinette* de Turenne ſa femme. Il teſta le 16 Octobre 1600, & mourut le 13 Décembre ſuivant.

Femme , *Helix* Dupuy , dame de Saint-Martin , près Alais , fille de *Bernard* Dupuy , Seigneur de Saint Martin de Valgarguis & de Sendras , au Diocèſe de Nîmes ; & de *Louiſe* Berard de Montalet , fut mariée, par contrat du 24 Septembre 1576. Les Marquis de la Fare portoient , en 1668 , dans une de leurs écartelures , les armes de cette Dame , qui étoient de geules , au château d'or , donjonné d'une tour de même : ſon mari , en teſtant , lui laiſſa l'uſufruit de tous ſes biens.

1° *Jacques* de la Fare , II du nom , qui ſuit.

2° *Louis* de la Fare , de qui ſont venus les Seigneurs de la Tour , rapportés à la fin de cette Généalogie.

3° *Claude* , ou *Marie* de la Fare , mariée le premier Juin 1604 , à *Jean* de Chavagnac , Baron du Tournel , Seigneur de Gourſac & de Montiolous en Gevaudan.

4° *Marguerite* de la Fare épouſa , 1° *Pierre* de la Jonquiere , Seigneur de Tournac.

2° *Charles* de Cubieres de Maubuiſſon , Seigneur de Ribautes & du Chaila , Bailly du Comté d'Alais. 3° Le 4 Décembre 1624, *Henry* de Fay , Baron de Peraud & de Veſenobre , Maréchal de Camp , Sénéchal de Beaucaire & de Nîmes ; elle n'eut point d'enfans ; & il mourut à Narbonne , le 23 Octobre 1637 , d'un coup de mouſquet qu'il avoit reçu au bras droit , le 29 Septembre précédent , au combat de Leucate.

5° *Marthe* de la Fare , alliée , en 1613 , à *Claude* de Leſtang , Baron dudit lieu , en Gevaudan , Seigneur de la Courbiere , au Diocèſe de Comminges.

6° *Caſſandre* de la Fare épouſa , en 1615 , *Jean-Albert* de Solages-Fredeault , Seigneur de Camboularet , en Rouergue , ayant eu de ce mariage *Gabrielle* de Soſages , mariée , en 1640 , à *Charles* de Montſaulnin , Comte de Montal , Chevalier des Ordres du Roi,

XII.

JACQUES de la FARE , II du nom , Marquis de la Fare , Vicomte de Montclar , Baron de Salendrenques , Seigneur de la Baſtide d'Engras , de Cavillargues , & d'autres lieux , ſervit en Languedoc contre les Religionnaires , en 1621 , commanda , dans la même année , & en 1628 , la Garniſon qui étoit dans ſon Château de la Baſtide ; fut fait Capitaine de Cavalerie , en 1638 ; commanda l'Eſcadron de la Nobleſſe de Languedoc , qui alla au ſecours de la Place de Salces en Rouſ- ſillon , l'an 1639 ; obtint , en 1646 , l'é- rection de la Baronnie de la Fare , en titre de Marquiſat.

Fit ſon teſtament dès le 25 Janvier 1655, en faveur d'*Antoine* ſon fils ; fit des legs à ſes autres fils *Chriſtophe , Jean , François, Henry* & *Marc* , de même qu'à *Charles-Au- guſte* & *Jacques* , enfans de feu *Charles* ſon fils aîné , & mourut âgé de 71 ans , le 30 Août 1661.

Premiere femme , *Gabrielle* d'Audibert, fille de *Charles* d'Audibert , Seigneur de Luſſan , de Goudargues , de Saint-Marcel, & de Sabran ; & de *Marguerite-d'Albert* de Montdragon , dame de Saint-André , fut mariée , par contrat du premier Juin 1612, qui eut ſon exécution le 26 Août ſuivant.

1º *Charles* de la Fare , qui ſuit.

2º *Antoine Hercule* de la Fare , Baron de la Salle , né à Saint-Martin , le 4 Février 1614 , Capitaine d'Infanterie , en 1636, puis de Cavalerie , fut eſtropié d'un bras au combat de Tezin ; ſe trouva à la dé- route de Quiers , & au ſiége de Turin. Il ſervit au ſiége de Perpignan , en 1642 , à la bataille de Rocroy , & au ſiége de Thionville , où il fut eſtropié de l'autre bras , & fut fait priſonnier en 1643 : cela ne l'empêcha pas de continuer ſes ſervices, & de ſe trouver aux ſiéges de Gravelines & de Dunkerque , où il commandoit le

Régiment de la Meilleraye ; il fut, en 1646,
à la prife de Portolongone , étant Meftre-
de-Camp de Cavalerie , & Maréchal de
bataille. Le Roi lui donna le Gouvernement de cette Place , avec le brevet de
Maréchal de Camp; & il mourut dans la
même année 1646, âgé de 33 ans , fans
avoir été marié.

3° *Jean* de la Fare, né à la Baftide, le
13 Avril 1616.

4° *Chriftophe* de la Fare, né à la Baftide,
le 24 Juin 1617, Abbé de Salvanes, Ordre
de Cîteaux , au Diocèfe de Vabres , par
nomination du Roi , du 30 Juin 1647 ; fut
fait, la même année, Aumônier du Roi ,
& Confeiller d'Etat ; fe démit de fon Abbaye en 1683.

5° *Jacques* de la Fare , Seigneur de
Montjoye , né au Château de la Baftide
d'Engras , le 9 Octobre 1618 , premier Ca-
pitaine d'Infanterie dans le Régiment du
Roure , fut tué au combat de Texin , le 30
Juin 1656 , fans avoir été marié.

6° *Antoine* , Marquis de la Fare , dont
la pofterité fera rapportée après celle de
fon frere aîné, ci-après.

7° *Vidal* de la Fare , Seigneur du Puy ,
Lieutenant-Colonel du Régiment d'Infanterie d'*Antoine* fon frere , mort en Novembre 1655 , fans alliance.

8° *François* de la Fare, Seigneur de la
Salle , qui eut poftérité qui fera rapportée
ci-après celle de fes aînés.

9° *Henry* de la Fare, Seigneur de Tornac, qui laiſſa poſtérité qui ſera rapportée à ſon rang.

10° *Charles* de la Fare, né à Vialan, dans la Baronnie de Montclar, le 2 Février 1630.

11° *Marc* de la Fare, Seigneur de Gaujac, né à la Baſtide, le 8 Septembre 1631, fut Cornette, puis Capitaine dans le Régiment du Marquis de Montclar ſon frere aîné ; ſervit, en cette qualité, au blocus de Barcelone, en 1651, & à la défenſe de Rhoſes, avec ſes freres, en 1653, & y fut bleſſé à une attaque ; continua ſes ſervices en Catalogne, juſqu'en 1656, qu'ayant eu une Compagnie dans le Régiment d'*Antoine*, Baron de la Fare, ſon autre frere, il paſſa en Italie, & ſe ſignala aux ſiéges de Mortare & de Valence. La paix des Pyrénées l'obligea de ſe retirer dans ſa Province, où il épouſa, le 5 Mars 1660, *Iſabeau* d'Aberlenc, fille de *Jean* d'Aberlenc de Severac, & de *Françoiſe* de la Ionquiere, & mourut ſans enfans.

12° *Marguerite* de la Fare, née le 25 Mars 1615, mariée le 16 Septembre 1639, à *Jacques* de Banes, Comte d'Avejan, avec lequel elle vivoit lors du teſtament de ſon pere, en 1655, & mourut en Janvier 1699, âgée de 84 ans.

13° *Louiſe* de la Fare, jumelle de *Jean*, née le 13 Avril 1616, épouſa, le 11 Août 1642, *François* de Bouſquet, Baron de

Montclar, Seigneur de Saint-Aunes, le Pin, Carnas & le Pujol, Sergent de bataille, puis Préfident en la Chambre des Comptes de Montpellier, mort fubitement étant à l'Audience, le 6 Décembre 1650: elle vivoit veuve lors du teftament de fon pere.

14° *Efther* de la Fare, née à la Baftide, le 28 Mars 1620, nommée le 6 Décembre 1645, Abbeffe de Saint-Pierre du Puy, & de Notre-Dame des Plans, unies enfemble, & de l'Ordre de Cîteaux, dans le Diocèfe d'Orange, mourut en 1710.

15° *Louife* de la Fare, née à la Baftide, le 30 Décembre 1624, mourut Urfuline à Alais, le 28 Août 1648.

16° *Diane* de la Fare, née à la Baftide, le 25 Janvier 1626.

Deuxiéme femme, *Louife* d'Aguillat, fœur de *Charles* d'Aguillat, Baron de Rouffon, fut mariée le 4 Janvier 1645, n'eut point d'enfans, & vivoit lors du teftament de fon mari.

XIII.

CHARLES de la FARE, Marquis de Montclar, né à Cavillargues, le 27 Janvier 1613, fut, en 1636, Enfeigne-Colonel du Régiment de Normandie, Cornette en 1638, de la Meftre-de-Camp du Régiment de Cavalerie du Cardinal de la Valette, puis Capitaine dans le même Régiment en 1640.

Il servit avec distinction aux siéges de Perpignan , en 1642 , & de la Motte , en 1644 ; & le Cardinal Mazarin le choisit pour commander sa Compagnie de Gendarmes , & le Régiment de Cavalerie du Cardinal de Sainte-Cecile son frere. Le Roi le mit ensuite à la tête du Régiment de Languedoc , lui donna le Gouvernement de Balaguier en Catalogne , & celui du Château de Hautpoul en Roussillon.

Il fut fait Maréchal de Camp en 1648 , & en cette qualité , contribua beaucoup à la prise , par assaut , de la Ville de Tortose , ayant attaqué , en plein midi , une demi-lune qu'il emporta. Sa Majesté le récompensa par le Gouvernement de la Ville de Roses , où il soutint un siége de neuf mois , sans que l'extrémité où il fut réduit par le manque de vivres , ni la mortalité de la Garnison , pût l'obliger à rendre la Place qu'il conserva , ayant employé 62000 liv. de son bien pour faire subsister sa Garnison.

Le Roi le fit Lieutenant-Général de ses Armées , en 1651 ; il servit au siége de Gironne au mois d'Août 1653 , & mourut le 18 Février 1654.

Femme , *Jacqueline* de Borne , fille & héritiere de *Charles* de Borne , Seigneur de Laugere , Baron de Balazac , & de *Gabrielle* de Beauvoir du Roure , fut mariée le 8 Février 1643. Elle se remaria , en 1664 , à son oncle maternel *Scipion* de Beauvoir-

Grimoard, Comte du Roure, Chevalier des Ordres du Roi, Lieutenant Général du Languedoc, dont elle fut la seconde femme, & en resta veuve sans enfans de lui, le 18 Janvier 1669, & mourut vers l'an 1710.

1° *Charles-Auguste* de la Fare, qui suit.

2° *Scipion* de la Fare, ainsi nommé dans le testament de son aïeul, & dans la production de 1668, se fit Jésuite, & étoit Recteur à Brest en 1694.

3° *Jacques* de la Fare, Seigneur de Neurac, nommé au testament de son aïeul, & dans la production de 1668. Il étoit alors Chevalier de Malte, & fut élevé Page de la Chambre du Roi, depuis l'an 1664 jusqu'en 1669 ; mourut Capitaine d'une des Galeres du Roi, dite la Dauphine.

4° *Gabrielle-Catherine* de la Fare, mariée le 10 Janvier 1668, à *Charles* de Molettes, Marquis de Morangies, Seigneur de Saint-Auban, Gouverneur de Maruejols, Bailly du Gevaudan, morte peu après son mariage, & lui à Paris, en Juillet 1714.

XIV.

CHARLES - AUGUSTE de la FARE, Marquis de la Fare - Laugere, Baron de Balazac, étoit Mestre-de-Camp d'un Régiment d'Infanterie qu'avoit eu son pere, lorsqu'il alla, en qualité de Volontaire, en Hongrie où il se trouva avec les autres

François à la défaite des Turcs au paffage
de Raab, en 1664. A fon retour, il fut fait
Guidon des Gendarmes de Monfeigneur
le Dauphin , & devint fucceffivement
Enfeigne , & Sous-Lieutenant de cette
Compagnie , avec laquelle il fe trouva
aux combats de Senef , de Mulhaufen ,
de Turkeim , & en diverfes autres occa-
fions , depuis 1672 , jufqu'à la paix de
Nimegue.

Monfieur , Duc d'Orléans , le choifit ,
en 1684 , pour un de fes Capitaines des
Gardes du Corps ; charge qu'il a remplie
fous ce Prince , & fous le Duc d'Orléans
fon fils , & mourut le 3 Juin 1712 , âgé
de 68 ans.

Femme , *Louife-Jeanne* de Lux , fille
unique d'*Antoine* de Lux , Seigneur de
Ventelet , Gentilhomme ordinaire de la
Maifon du Roi ; & de *Marie* Bourlafque,
fut mariée le 3 Novembre 1684, & mourut
le 28 Décembre 1691 , âgée de 24 ans.

1° *Philippe Charles* de la Fare, qui fuit.

2° *Etienne Jofeph* de la Fare , Evêque
& Duc de Laon , Pair de France, Comte
d'Anify , Abbé de Saint-Martin de Laon ,
Docteur en Théologie , fut nommé , en
1723 , à l'Evêché de Viviers, après avoir
donné une démiffion des Abbayes de Mor-
temer , & de Saint Barthelemy de Noyon ,
& auparavant Grand-Vicaire de Soiffons ,
étoit né en 1691 ; ne prit point poffeffion
de l'Evêché de Viviers ; eut cette même

année l'Evêché de Laon ; fut sacré à **Paris** le 25 Juillet 1724, & prêta serment entre les mains du Roi, le 6 Août suivant ; a pris possession personnelle le 14 du même mois, & séance au Parlement le 22 Janvier 1725 ; mourut au Château de Lechelles, près Guise, le 23 Avril 1741, dans la 50°. année de son âge.

3° *Jacqueline-Thérèse* de la Fare, née en 1686, morte à deux ans.

4° *Marie* de la Fare, née en 1687, mariée, en 1706, à *François* de la Fare de Montclar, Marquis de la Fare, cousin germain de son pere.

Fille naturelle de *Charles-Auguste* de la Fare, *Charlotte Louise*, bâtarde de la Fare, née de *Louise* Moreau, fut légitimée par Lettres du 18 Mai 1695.

XV.

PHILIPPE-CHARLES de la FARE, Marquis de la Fare, Comte de Laugere, Maréchal des Camps & Armées du Roi, Chevalier de la Toison d'or, & de l'Ordre Militaire de saint-Louis, Chevalier des Ordres du Roi, Lieutenant Général de la Province de Languedoc en Vivarais, & de Velay, & du Diocèse d'Uzès, par Provisions du 8 Septembre 1718, Commandant en chef en Languedoc, en 1724 & 1725, Gouverneur d'Alais, est né en 1685, & fut nommé dans la Chapelle Royale à

Paris, par Monsieur & par Madame ;
le 26 de Mars 1693 , a été Colonel du
Régiment de Gâtinois, & ensuite du Régiment de Normandie, en Novembre 1717.

Il succéda à son pere, en la Charge de
Capitaine des Gardes du Corps du Duc
d'Orléans, petit-fils de France ; fut fait
Brigadier d'Infanterie, le premier Janvier
1716 ; nommé Maréchal de Camp , le 10
Avril 1720, & a tenu les Etats de Languedoc à Narbonne, à la fin de 1724 ; fut
fait Chevalier des Ordres du Roi , le 13
Mai 1731, Lieutenant Général de ses Armées, le premier Août 1734 ; Chevalier
d'honneur de Madame la Dauphine , au
mois de Janvier 1745 ; Maréchal de France,
le 26 Octobre 1746 ; Gouverneur de Gravelines, en Décembre 1751 ; mourut à Paris, le 4 Septembre 1752.

Femme, *Françoise* Paparel , fille de
Claude-François Paparel , Seigneur de Vitry-
sur-Seine , près Paris , Trésorier de l'ex-
traordinaire des Guerres, mort l'an 1725 ;
& de *Marie* Sauvion, fut mariée, par contrat du 6 Avril 1713 ; mourut à Paris,
le 7 Mars 1730, mere de *Françoise-Melanie*
de la Fare, mariée, le 13 Avril 1735, à
Claude-Louis Bouthilier de Chavigny ,
Comte de Pons, Colonel du Régiment de
Cambresis, Infanterie, Brigadier des Armées du Roi, le 20 Février 1743 , fils de
Louis Bouthilier de Chavigny , Marquis
de Pons-sur-Seine, & d'*Antoinette* Legouts-
Maillard.

I.

BRANCHE *de la Fare-Montclar.*

XIII.

ANTOINE de la FARE, Marquis de la
Fare, Vicomte de Montclar, Baron de Salendrenques, &c. 6ᵉ fils de *Jacques* de la
Fare, II du nom, premier Marquis de la
Fare; & de *Gabrielle* d'Audibert, mentionné
ci-deſſus; ſurvéquit à ſes aînés, & fut inſ-
titué héritier par ſon pere, en 1655. Il s'eſt
trouvé, en qualité de Capitaine de Cavalerie du Régiment de Saint-Remeze,
aux ſiéges de Turin & de Coni, ſa Compagnie ayant été incorporée dans le Régiment de la Meilleraye.

Il ſervit aux ſiéges de la Motte, en
Lorraine, de Gravelines, de Dunkerque
& de Courtray; il fut enſuite Maréchal
Général des Logis de la Cavalerie, & fut
fait, en 1647, Sergent de bataille, &
Meſtre-de-Camp d'Infanterie, au retour
des ſiéges de Crémone & de Saint-Jean,
dans le Milanez, où il fut bleſſé d'un
coup de mouſquet; il fut Meſtre-de-Camp
du Régiment d'Infanterie du Cardinal de
Sainte Cecile, & eut le Gouvernement de
Balaguier, en 1648.

En 1651, au ſiége de Sainte-Menehould
que le Roi faiſoit en perſonne, Sa Majeſté

le nomma pour en régler la capitulation ; fut fait Maréchal de Camp l'année suivante, & en 1654, succéda au Régiment de *Charles* son frere aîné , & à son Gouvernement de Rofes ; fut arrêté à Montpellier , le 15 Avril 1655 , & conduit prifonnier à la Citadelle de cette Ville , pour avoir quitté la Cour fans congé.

L'année fuivante , il fut envoyé , avec fon Régiment de Cavalerie , pour fervir en Italie au fiége de Valence , & à celui d'Alexandrie , en 1657.

Après la paix des Pyrénées , le Roi le gratifia du Gouvernement du Fort de Brefcou, & de la Ville d'Agde, par Lettres du 27 Janvier 1661 ; & Sa Majefté le pourvut, en 1692, de la Charge de l'un de fes Lieutenans en Languedoc , dans le département de Gevaudan.

Il avoit produit fes titres de Nobleffe , comme les autres Seigneurs & Gentils-hommes, pour lui , *Jacques* fon fils & fes freres *Chriftophe* , *Jean-François* , *Henry* & *Marc*, & pour fes neveux *Charles-Augufte*, & fes deux freres , de même que pour *Louis-Jofeph*, Baron de la Tour, fon coufin remué de germain , & ils furent tous déclarés Nobles, par Jugement de l'Intendant de la Province , le 21 Novembre 1668.

Femme, *Marie-Engracie* d'Alemand , fille unique de *Fulcran* d'Alemand , Seigneur de Mirebel & de Pompignan , & de *Claire* de Lor de Serignan, fut mariée le 2 Sept. 1665.

1°. *Jacques*

1° *Jacques* de la Fare, Vicomte de Montclar, mentionné, en cette qualité, dans le Jugement dont il vient d'être parlé, mourut à l'Académie.

2° *François* de la Fare, qui suit.

3° *Jean* de la Fare, né le 28 Mai 1672, fut reçu Page du Roi en sa grande Ecurie, le premier Avril 1687 ; porta le titre de Vicomte de la Fare ; & étant Capitaine de Cavalerie dans le Régiment de Montpeiroux, il fut tué d'un coup de mousquet dans l'armée d'Allemagne au-delà du Rhin, l'an 1693.

4° *Marguerite* de la Fare, mariée le 4 Septembre 1679, à *Marcelin* de Berard de Montalet, Baron en partie d'Alais, par *Isabeau* de Cambis sa mère, femme de *Jacques* de Berard, Seigneur de Montalet.

5° *Louise* de la Fare, mariée en 1686, à *Jacques-Joseph* Nicolaï, Baron de Sabran, Seigneur de Cavillargues.

6° *Claire-Françoise* de la Fare, mariée en 1719, à *Jean-Gabriel* de Charpin, Comte de Genetines en Forez, morte à Paris au Palais Royal, le 25 Mai 1752.

7° *Françoise* de la Fare, morte sans alliance, en 1712.

8° *Françoise-Claire* de la Fare.

XIV.

FRANÇOIS de la FARE, Marquis de la Fare, Vicomte de Montclar, &c. Lieutenant-de-Roi de la Province de Lan-

C

guedoc en Gevaudan , Gouverneur de la Ville d'Agde , naquit à Pompignan , le 16 de Janvier 1669 ; fut reçu Page du Roi en sa grande Ecurie , le premier Avril 1686 ; se trouva , en qualité de Capitaine de Cavalerie dans le Régiment de Lisle , au combat de Fleurus , en 1691 ; mourut à Mirabel , le 16 Août 1721.

Femme , *Marie* de la Fare , fille de son cousin germain *Charles-Auguste* de la Fare-Laugere ; & de *Louise-Jeanne* de Lux-Ventalet , fut mariée par contrat du 11 Avril 1706.

1° *Marguerite - Charlotte* de la Fare , née le 13 Septembre 1712 , morte sans enfans , de *François - César* de Moreton , Marquis de Chabrillant , Maréchal des Camps & Armées du Roi , fils d'*Antoine* de Moreton , Marquis de Chabrillant , Lieutenant-de-Roi de Dauphiné , & d'*Antoinette* Grolée de Virville , avec lequel elle avoit été mariée en 1728. *François-César* de Moreton a épousé en secondes nôces , *Louise* Astoaud de Murs , dont il a eu deux garçons & quatre filles.

2° *Françoise-Melanie* de la Fare , née le 23 Octobre 1714 , mariée au Marquis de Villevielle ; c'est elle qui est en possession de tous les titres de la Maison de la Fare , qui lui sont échus à la mort du Marquis de la Fare son pere.

3° *Therese* de la Fare , née le 7 Mai 1716, morte fille.

I I.

BRANCHE de la Fare de la Salle-d'Alais.

XIII.

FRANÇOIS de la F A R E, Baron de la Salle, Seigneur de Saint-Felix, 8ᵉ fils de *Jacques* de la Fare, II du nom, & de *Gabrielle* d'Audibert, mentionnés ci-deſſus, eſt né à la Baſtide, le 25 Mars 1628 ; fut, dès l'âge de 14 ans, Cornette dans le Régiment de la Meilleraye, où il eut une Compagnie de Cavalerie, l'an 1647, portant alors le titre de Chevalier de la Fare ; il s'étoit déja trouvé aux ſiéges de la Motte, de Thionville, de Dunkerque & de Courtray ; il ſervit depuis aux ſiéges de Tortoſe, de Barcelone, & à la défenſe de Roſes où il fut bleſſé au bras : il fut encore bleſſé au pied ſur la bréche de Gironne ; & le Roi lui donna, en 1653, le Régiment de Cavalerie du Baron d'Alais, dont il épouſa la fille. Il mourut le 25 Décembre 1685.

Femme, *Anne* de Cambis, Baronne en partie d'Alais, fille de *Jacques* de Cambis, Baron d'Alais, Meſtre-de-Camp de Cavalerie, & Général de la Cavalerie de Catalogne ; & de *Catherine* d'André, fut mariée le 11 Avril 1655.

1º *Chriſtophe* de la Fare, qui ſuit.

2º *Henry* de la Fare, dit le Comte de

C ij

la Fare , Capitaine d'Infanterie dans le Régiment de Bourbon , fut tué à la bataille de Stafarde en Piémont , le 18 Août 1690, fans enfans de *Marie-Anne* de Guirand , qu'il avoit épousée le 11 Mars de la même année. Elle se remaria le 20 Décembre 1691 , à *Louis-Joseph* de la Fare , Seigneur de la Tour , mentionné ci-après.

3° *Marc* de la Fare , Doyen du Chapitre d'Alais.

4° *Charles-Augufte* de la Fare de Souftelles, dont la poftérité fera rapportée après celle de fon frere aîné.

5° *N.......* de la Fare-Saint-Privat , fut marié en 1716 à Bagnols , avec *N.....* de Vials ; fut pere d'un garçon mort à l'âge de 6 ans, & d'un autre âgé de 18 mois, en Avril 1728.

6° *Jacques-Alexandre* de la Fare , dont la poftérité fera rapportée après celle de fes freres.

7° *Joseph-Louis* de la Fare , dont la poftérité fera rapportée après celle de fes freres.

8° *Catherine* de la Fare , mariée l'an 1686 à *Jean* de Tremolet , Seigneur de Mourmoirac & de Saint-Chriftol, proche d'Alais.

9° *Efther* de la Fare , morte à Mourmoirac , en Septembre 1717.

10° *Ifabeau* de la Fare , mariée le 28 Mai 1693 à *Jacques* d'Efpeiffes , Seigneur de la Plane, Caufrols & Mercorioles.

11° *Françoife* de la Fare-d'Alais , Abbeffe

de Notre-Dame des Plans , au Diocèse d'Orange, en 1710, après avoir été long-tems Coadjutrice d'*Esther* de la Fare sa tante ; elle a fait rebâtir son Monastere.

12° *Louise* de la Fare , Religieuse en la même Abbaye.

13° *Anne* de la Fare , Religieuse Bernardine à Bagnols.

XIV.

CHRISTOPHE de la FARE , Baron d'Alais , fut reçu Page du Roi en sa grande Ecurie, l'an 1678 , puis Capitaine de Cavalerie dans le Régiment de Villeneuve.

Femme , *Françoise* de Brueis , fille de *N* . . . . . . de Brueis , Seigneur de Fontcouverte , & de *N* . . . . . de la Tour-Maleragues , fut mariée en 1688 , & mourut en 1692 , sans enfans mâles.

I I I.

BRANCHE *de la Fare-Soustelles.*

XIV.

CHARLES-AUGUSTE de la FARE de Soustelles, 4ᵉ fils de *François* de la Fare, Baron de la Salle ; & d'*Anne* de Cambis , mentionné ci-dessus, fut connu long-tems sous le nom de Chevalier de la Fare ; fut fait Brigadier d'Infanterie , le 23 Décembre 1705, Maréchal-de-Camp le 8 Mars 1718,

& mourut à Paris , le 3 Juin fuivant.

Femme , *Jeanne-Marie* de Montboiffier, fille de *Jean-Gafpard* de Beaufort-Canillac , Marquis de Montboiffier , Vicomte d'Yefmes , Seigneur de Chapts ; & de *Marie-Claire* d'Eftaing de Saillans, fut mariée en 1701.

1° *Jean-Charles* de la Fare, qui fuit.

2° *Charles* de la Fare , Capitaine d'Infanterie dans le Régiment de Normandie , enfuite Lieutenant-Colonel d'Infanterie , Infpecteur Général des Gardes-Côtes en Languedoc , Chevalier de faint Louis , marié, 1° en 1728 , à *Marguerite* Genas de Beauvoifin ; 2° le 13 Août 1761 , à *Gabrielle* Calviere d'Aigues-vives.

3° *Joachim-Jofeph* de la Fare , ancien Aumônier du Roi , & Prieur de Gigny , puis Abbé de Beaume-lès-Moines , en Franche-Comté.

X V.

JEAN-CHARLES de la FARE, d'abord Capitaine de Dragons , réformé ; enfuite Capitaine de Cavalerie au Régiment de Barbançon , Chevalier de l'Ordre Royal & Militaire de faint-Louis, mourut au mois de Mai 1758.

Femme , *Louife-Claire* de Tiffart , Marquife de Rouvere , en Champagne , fut mariée le 13 Juillet 1751.

1º *Louis-Jean-Alexandre* de la Fare, qui ſuit.

2º *Joſephine-Alexandrine-Roſe.*

XVI.

LOUIS-JEAN-ALEXANDRE de la FARE, eſt au Collége en 1766.

IV.

BRANCHE ſortie des Barons de la Salle-d'Alais.

XIV.

JACQUES-ALEXANDRE de la FARE, 6ᵉ fils de *François* de la Fare, Baron de la Salle ; & d'*Anne* de Cambis, Baronne d'Alais, mentionné ci-deſſus, fut Capitaine d'Infanterie dans le Régiment de Teſſé.

Femme, *Jeanne* de Rochemore d'Aigremont, fille de *François* de Rochemore, mort à Alais, en 1716 ; & de *N.....* de Ginoux de la Coſte, fut mariée le 17 Novembre 1727.

1º *Jacques-Alexandre* de la Fare, qui ſuit.

2º *Chriſtophe* de la Fare, dit l'Abbé de la Fare.

XV.

JACQUES-ALEXANDRE de la FARE,

Seigneur de la Cofte, ancien Officier au Régiment de Flandre.

v.

SEIGNEURS *de Salindre.*

XIV.

JOSEPH-LOUIS de la FARE, 7ᵉ fils de *François* de la Fare, Baron de la Salle; & d'*Anne* de Cambis, Baronne d'Alais, mentionné ci-deffus, fut Seigneur de Salindre, Major d'Alais.

Femme, *Lucrece* de Maffillan, fut mariée en 1717.

1.° *Louis-Jofeph* de la Fare, né en 1720, Capitaine des Grenadiers dans le Régiment de Vexin, & Chevalier de l'Ordre Royal & Militaire de faint Louis.

2.° *Jacques-Chriftophe* de la Fare, né en 1724, ancien Officier dans le Régiment d'Eu.

VI.

BRANCHE *de la Fare de Tornac.*

XIII.

HENRY de la FARE, dit le Marquis de Tornac, Seigneur de Caftagnol, &c. 9ᵉ fils de *Jacques* de la Fare, II du nom; & de *Gabrielle* d'Audibert, mentionné ci-deffus, naquit en 1628, & fe trouve nommé dans le teftament de fon pere, avec

fes freres & fœurs, qui vivoient alors. Il
fervit en qualité de Capitaine-Majór du
Régiment de Cavalerie de la Fare, aux
fiéges de Valence & d'Alexandrie, en 1656
& 1657, & fut fait Lieutenant du Fort de
Brefcou, & de la Ville d'Agde, le 16 Décembre 1660, & Baron dés Etats de Languedoc, pour le Diocèfe d'Alais, en 1674,
peu de tems après l'établiffement en
Evêché; mourut à Sommieres, le 17 Février 1706.

Femme, *Ifabeau* Pelot, fille de *Claude*
Pelot, Seigneur de Portdavid & de Sen-
dras, Maître des Requêtes, Intendant en
Guyenne, Confeiller d'Etat, puis premier
Préfident de Rouen; & de *Claude* le Ca-
mus fa premiere femme, fut mariée le 20
Janvier 1664.

1° *Antoine-Denis-Augufte* de la Fare,
qui fuit.

2° *Antoine-Aurelle* de la Fare-Tornac,
Abbé de Salvannes, en 1685, Doyen de
l'Eglife d'Alais, & Prévôt de l'Eglife col-
légiale d'Aigues-mortes, mort à Alais, le 4
Novembre 1699, âgé de 30 ans.

3° *Marc-Antoine*, dit le Chevalier de
la Fare, mort jeune.

4° *Etienne-Conftantin* de la Fare de
Bellefonds.

5° *Denis-Maxime* de la Fare de Corbais.

6° *Chriftophe-Emmanuel* de la Fare de
Caujac.

7° *Claude-Marguerite* de la Fare.

8° *Françoife-Pauline*, Abbeffe de Gigean, en 1722.

9° *Marie*, Abbeffe de Saint-Geniès, Diocèfe de Montpellier.

10° *Louife*, Religieufe Urfuline à Sommieres.

11° *Felice* de la Fare, mariée en 1705 à *Charles-Guy* d'Airebaudoufe, Marquis d'Andufe, morte à Andufe, en Avril 1724.

XIV.

ANTOINE-DENIS-AUGUSTE de la FARE, Marquis de Tornac, Seigneur de Caffagne, &c. connu d'abord fous le nom de Baron de la Fare, reçu Page du Roi en fa grande Ecurie, le 29 Septembre 1682, fut enfuite Capitaine de Dragons dans le Régiment d'Eftrades, puis Colonel du fecond Régiment de Dragons de Languedoc, Brigadier, le 29 Mars 1710, Maréchal de Camp, le premier Février 1719, Commandeur de l'Ordre de faint Louis, & Gouverneur de Villefranche en Rouffillon, mourut au Château de Liancourt, le 11 Avril 1740, âgé de 77 ans

Femme, *Fleurie-Therefe* de Grimoard de Beauvoir du Roure, fille de *Louis-Pierre-Scipion*, Comte du Roure, Lieutenant-Général en Languedoc ; & de *Claude-Marie* de Berenger du Guats d'Artigny, fut mariée en Avril 1704; fut mere de

Marie-Fleurie de la Fare, née en Janvier

1707, mariée le 28 Septembre 1710, à *Joseph* de Beaumont de Brison , Capitaine de Cavalerie dans le Régiment du Roi.

VII.

BRANCHE *de la Fare de la Tour.*

XII.

Louis de la FARE, Seigneur de la Tour, au Diocèse d'Uzès, second fils de *Jacques* de la Fare, I du nom ; & d'*Helix* Dupuy, mentionné ci-deſſus, n'étoit pas encore nommé, lorſque ſon pere teſta en 1600; mais il y déclara qu'il le devoit être par *Louis* de Vignes, Evêque d'Uzès. Il fut Capitaine dans le Régiment de Montmorency. Il reçut une Lettre (*a*), datée de Lunel, le 14 Octobre 1627, & de Montpellier, le 4 Décembre même année, du Connétable de Montmorency, par laquelle il le prie de ſe joindre à lui, pour s'oppoſer à l'armement des Rebelles : il en reçut une autre de Henry II de Bourbon, Prince de Condé, commandant en Languedoc en 1638 (*b*), dans laquelle il le qualifie de ſon très-affectionné ami, & par laquelle il le prie de ſe rendre près

(*a*) Original entre les mains de M. de la Fare.
(*b*) Original.

de lui, le plus promptement & le mieux accompagné de ſes amis qu'il pourra, pour prendre part à l'honneur qu'il compte acquérir en livrant bataille aux ennemis, qui avoient entrepris le ſiége de Salces : cette Lettre eſt datée de Narbonne, le 20 Septembre 1639, ſignée HENRY DE BOURBON.

Femme, *Eliſabeth* de Gaſc, fille d'*Anglic* de Gaſc, Seigneur de Maglines & de Saint-Marcel d'Ardeche, fut mariée par contrat du 18 Janvier 1629 : elle vivoit veuve en 1666, lors du teſtament de ſon fils.

1° *Louis* de la Fare, qui ſuit.

2° *Joſeph* de la Fare, dont la poſtérité ſera rapportée après celle de ſon frere aîné.

3° *Iſabelle* de la Fare, femme de *N.....* de Bidon.

4° *Françoiſe* de la Fare, alliée à *N.....* de Charnerès.

XIII.

Louis de la FARE, II du nom, Seigneur de la Tour & de Saint-Marcel, fit ſon teſtament le 12 Novembre 1666.

Femme, *Iſabeau* de Montmar, fille de *Sebaſtien* de Montmar, fut mariée par contrat du 18 Novembre 1662.

1° *Louis-Joſeph* de la Fare, qui ſuit.

2° *Iſabelle* de la Fare, mariée à *Claude*

Joseph d'Aguillat , Baron de Rouffón.
3°. *Françoise* de la Fare.

XIV.

LOUIS-JOSEPH de la F A R E, Seigneur
de la Tour & des Plantiers , Co-feigneur
de Saint-Marcel d'Ardeche , eft nommé
dans la production de 1668, coufin remué
de germain d'*Antoine* de la Fare , pro-
duifant.

Femme , *Marie-Anne* de Guirand , veuve
le 18 Août 1690 d'*Henry* de la Fare de la
Salle , coufin de fon mari , rapporté ci-
devant , fut mariée le 20 Décembre 1691.

1°. *Jean-François* de la Fare , qui fuit.

2°. *Henrry Joseph* de la Fare , mort fans
poftérité.

XV.

JEAN-FRANÇOIS de la F A R E , Baron
de la Tour & des Plantiers.

Femme , *Marie-Polge* de Tarabias , fut
mariée le 15 Janvier 1720 , & fut mere de

1°. *Louis-Philippe* de la Fare , qui fuit.

2°. *Marie-Françoise.*

3°. *Elifabeth-Anne.*

4°. *Jeanne-Gabrielle.*

5°. *Marie-Louife.*

6°. *Jacqueline-Therefe.*

7°. *Victoire.*

XVI.

LOUISPHILIPPE de la F A R E , Baron

de la Tour & des Plantiers ; Capitaine
d'Infanterie au Régiment de Languedoc.

VIII.

BRANCHE de la Fare, Marquis de la Fare.

XIII.

JOSÈPH de la FARE, 2e fils de *Louis*
de la Fare, Seigneur de la Tour ; & d'*E-
lisabeth* de Gasc, mentionné ci-dessus, fut
Co-seigneur de Saint-Marcel d'Ardeche ,
où il établit sa demeure.

Femme , *Jeanne* de Pierre de Bernis ,
fille de *Jean-Louis* de Pierre de Bernis ,
Chevalier, Seigneur de Bernis , Saint-
Marcel , Saint-Etienne , Saint-Julien ,
Saint-Juſt , Melinas , &c. Cornette de
Chevaux-Legers du Duc de Mercœur ; &
d'*Iſabelle* de Blou-Laval , fut mariée en
1681, & mourut en 1722.

1° *François-Gabriel* de la Fare, qui ſuit.

2° *Henry-Victor* de la Fare, ancien Capitaine au Régiment de Lorraine , Chevalier de l'Ordre Royal & Militaire de
ſaint Lonis.

3° *Marie-Anne* de la Fare , non encore
mariée en 1766.

4° *Jeanne* de la Fare , morte en 1762.

XIV.

FRANÇOIS-GABRIEL de la FARE,

Marquis de la Fare , ancien Capitaine d'Infanterie au Régiment de Touraine, & Chevalier de l'Ordre Royal & Militaire de faint Louis , mort en 1762.

Femme , *Magdeleine* de Plaiffe , dame de la Paufe , fille de *François* de Plaiffe , Seigneur de la Paufe ; & de *Marie-Magdeleine* Gerard , fut mariée le 3 Septembre 1720 , & mourut en 1752.

1° *Jofeph-Louis-Dominique* de la Fare , qui fuit.

2° *Jacques-Jean* de la Fare , dit le Chevalier de la Fare , né en 1723 , fut Page du Roi en 1737 , Cornette de Cavalerie en 1741 , Capitaine dans le Régiment de Chabrillant Cavalerie en 1743 , Major du même Régiment en 1745 , Meftre-de-Camp de Cavalerie en 1756 , Aide - Maréchal-Général des Logis en chef aux Indes orientales , la même année , Chevalier de l'Ordre Royal & Militaire de faint Louis , en 1757 , eut deux chevaux tués fous lui à la bataille de Sahay en Bohême ; fut bleffé d'un coup de feu à la bataille d'Ettingen , & s'eft trouvé à plufieurs autres batailles.

X V.

JOSFPH - LOUIS - DOMINIQUE de la FARE , Marquis de la Fare , né à Saint-Marcel d'Ardeche , le 18 Juillet 1722 , Page du Roi en 1737 , Cornette en 1741 , Capitaine dans le Régiment de Chabrillant

Cavalerie, en 1743, Meſtre-de-Camp de Cavalerie, & Chevalier de l'Ordre Royal & Militaire de ſaint Louis, s'eſt trouvé à pluſieurs batailles. Il obtint au mois de Mai 1754, des Lettres d'érection de ſes Terres de Venejan, Saint-Alexandre, & Saint-Nazaire, en Marquiſat, ſous le nom de la Fare.

Femme, *Paule-Henriette* Gazau, fille de *Paul-Henry* Gazau, Marquis de Champagné ; & de *Marie* de Luſignem, dame du Beſſet, ſa ſeconde femme, fut mariée par contrat du 22 Juillet 1748.

1° *Gabriel-Joſeph-Marie-Henry* de la Fare, qui ſuivra.

2° *Anne-Louis-Henry*, nommé l'Abbé de la Fare, né à Luçon en 1751, eſt deſtiné à l'Etat eccléſiaſtique.

3° *François-René-Joachim* de la Fare, né à Paris, Paroiſſe ſaint Sulpice, le 6 Mars 1761.

4° *Marie-Magdeleine-Henriette-Joſephine* de la Fare, née à Luçon en 1750.

5° *Adelaïde* de la Fare, née à Luçon en 1754.

6° *Marie-Marguerite* de la Fare, née au Château de la Fare en 1756.

XVI.

GABRIEL-JOSEPH-MARIE-HENRY de la FARE, nommé le Comte de la Fare, eſt

eſt né à Luçon au mois d'Avril 1749; eſt premier Page de Madame la Dauphine en 1766.

Cette Généalogie ſe trouve établie dans le *SUPPLÉMENT DE L'HISTOIRE GÉNÉALOGIQUE DES GRANDS OFFI-CIERS DE LA COURONNE* ; & elle ſera dans le *NOBILIAIRE HISTORIQUE DE LANGUEDOC*, que l'on va imprimer in-ceſſamment.

NOus ſouſſigné, Religieux, Prêtre des Auguſtins de Notre-Dame des Victoires, chargé de travailler au Supplément de l'Hiſtoire généalogique & chronologique de la Maiſon Royale de France, des Ducs & Pairs, & Grands Officiers de la Couronne, &c. dreſſée par le P. Anſelme, Religieux de notre Ordre ; continuée par M. Dufourny ; revue, corrigée & augmentée par les PP. Ange & Simplicien, Religieux du même Ordre : Cer-tifions avoir revu, corrigé & augmenté la Généalogie de la Maiſon de la Fare, ſur les titres qui nous ont été communiqués par

D

M. *le Chevalier de la Fare*, *Meſtre-de-Camp de Cavalerie. En foi de quoi nous avons délivré le préſent Acte. A Paris*, *le 28 Juillet 1766. Signé* F. ALEXIS , *Auguſtin , près la Place des Victoires, avec paraphe.*

www.ingramcontent.com/pod-product-compliance
Lightning Source LLC
LaVergne TN
LVHW022205080426
835511LV00008B/1583